SOCO

RODRIGO SCHMITZ

ASOCO

Labrador

© Rodrigo Schmitz, 2025
Todos os direitos desta edição reservados à Editora Labrador.

Coordenação editorial Pamela J. Oliveira
Assistência editorial Vanessa Nagayoshi, Leticia Oliveira
Direção de arte e capa Amanda Chagas
Projeto gráfico Vinicius Torquato
Diagramação Nalu Rosa
Preparação de texto Lívia Lisbôa
Revisão Carla Sacrato

Dados Internacionais de Catalogação na Publicação (CIP)
Jéssica de Oliveira Molinari - CRB-8/9852

Schmitz, Rodrigo
    O soco / Rodrigo Schmitz.
    São Paulo : Labrador, 2025.
    128 p.

    ISBN 978-65-5625-895-9

    1. Contos brasileiros I. Título

25-2407   CDD B869.8

Índice para catálogo sistemático:
1. Contos brasileiros

Labrador

Diretor-geral Daniel Pinsky
Rua Dr. José Elias, 520, sala 1
Alto da Lapa | 05083-030 | São Paulo | SP
contato@editoralabrador.com.br | (11) 3641-7446
editoralabrador.com.br

A reprodução de qualquer parte desta obra é ilegal e configura uma apropriação indevida dos direitos intelectuais e patrimoniais do autor. A editora não é responsável pelo conteúdo deste livro. Esta é uma obra de ficção. Qualquer semelhança com nomes, pessoas, fatos ou situações da vida real será mera coincidência.

À memória da minha mãe, Juracy.

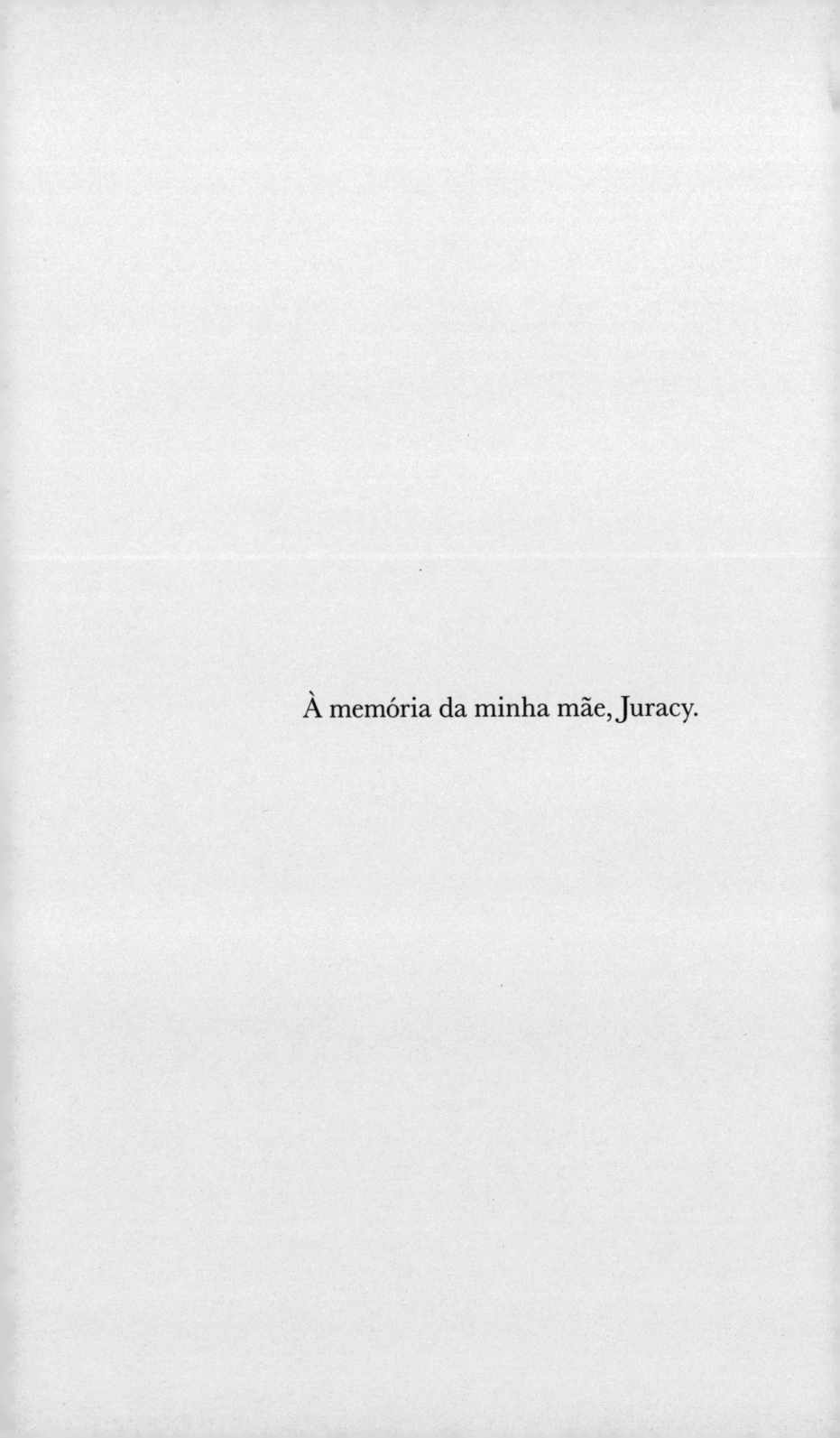

SUMÁRIO

FIM ——————————————————————— 11
    O SOCO I ——————————————————— 13
    ABSTINÊNCIA ——————————————————— 15
    A BARRIGA ———————————————————— 18
    SILÊNCIO E SUSSURROS ———————————— 21
    TOP ——————————————————————— 24
    EU NÃO *UNDERSTAND* PORTUGUÊS ——————— 26
    NEM JUNTO, NEM MISTURADO ——————————— 29
    SEM PERSONALIDADE ——————————————— 32
    DE ROMEU A CLARK KENT ——————————— 35

INÍCIO ——————————————————————— 39
    CEGONHA CALOTEIRA ——————————————— 40
    CORRA, RODRIGO, CORRA ——————————— 43

VOCAÇÃO PARA VAMPIRO —— 46
FÁBULA FEIA —— 48
LÍQUIDO —— 51
THE FLINTSTONES OU *THE JETSONS*? — PARTE I —— 54
THE FLINTSTONES OU *THE JETSONS*? — PARTE II —— 56
TODO MUNDO É CHUCHU —— 59
RETROCESSO —— 61
ÓDIOS E OCEANOS —— 64
A PRAGA —— 67
SENHAS —— 69
O ADEUS VIRTUAL —— 72
EU, DAVI E O FEIJÃO —— 74

MEIO —— 77

O SOCO II —— 78
O TELEFONEMA VIROU PROVA DE AMOR? —— 80
AMOR EM TEMPOS DE NUDES —— 83
O EU TE AMO E O VIAGRA —— 86
NA CAMA —— 88
VIDE BULA —— 91
EXPECTATIVAS —— 94
ME CHAME DE DORY —— 95
INTENSOS VOLÚVEIS —— 98
A BIOGRAFIA DO RANÇO —— 101
APOLOGIA AOS CHATOS —— 103

REINÍCIO —————————————————— 105
_ _ _ _ _ _ _ _ _ _ _ _ _ _ ——————————— 106
PERDIDO NO TEMPO ————————————— 109
GATILHO ———————————————————— 110
COELHO ————————————————————— 113
SEXOFOBIA ————————————————— 115
SUBMARINO ————————————————— 117
SHOULD I STAY OR SHOULD I GO? ———————— 119
OUTROS FINAIS ———————————————— 121
O SOCO III ——————————————————— 124

FIM

O SOCO I

Naquele dia completava uma semana que partiste sem prometer voltar. Lembrei-me do nosso último gole, da tua última tragada e do primeiro abraço. Tenho ouvido músicas novas, de bandas velhas, e buscado conhecer outros prazeres, para tentar ludibriar a tua ausência. Contudo, minhas interações não têm tido sucesso.

Sonolento no ônibus, acompanhado de memórias gastas e sentimentos manufaturados, tive a visão obstruída pelo vento que entrava pela janela e, somado ao crepúsculo, me fez imaginar ter visto um ornitorrinco se dirigir à Baía de Guanabara — o que, obviamente, foi só uma impressão.

Poderia ter sido uma visão, assim como poderia ter sido fruto da minha carência. Quando estou desse jeito, distorço sentimentos e ações e não reconheço os meus próprios pensamentos. Eles me traem, assim como a minha visão tem feito. Ler à noite tornou-se uma estiva. O astigmatismo distorce os objetos. Minha carência, os sentimentos. Ela me faz ver amor onde é apenas sexo, e romantismo na gentileza.

Tudo não passou de uma confusão. Similar à que o ornitorrinco traz para o olhar. Ele tem bico de ave, mas é mamífero. Nada como um peixe, mas sai da água como um réptil. Parece personagem de um filme de ficção científica, feito com partes de outros animais e que está na natureza só para irritar as coisas óbvias.

E cada vez que repasso a cena, me convenço da impossibilidade de ter visto um ornitorrinco. No entanto, seria bom ter visto um. Como seria bom te rever... Sair deste estado de sonambulismo, onde a tristeza seja obrigada a pousar em outros jardins e a solidão, a fazer outras acrobacias. Contudo, pelo cenário que se apresenta, essa possibilidade está cada vez mais remota, e é mais provável que eu veja um unicórnio fazendo a coreografia de "Macarena" na Baía de Guanabara.

ABSTINÊNCIA

No dia subsequente à visão do ornitorrinco, eu já acordei pensando em comida. Levantei, e os pensamentos se seguiram. Fui até a cozinha, comi uma fruta. No entanto, continuei pensando em comida. Assisti a um filme e as cenas de comilança aguçaram meu paladar.

Comi outra vez.

Fiz uma playlist e uma das músicas foi "Comida", do Titãs. O que me levou a algo involuntário: o pensamento reincidente em comida. Uma sensação similar a ter um tiranossauro rex dentro de mim. As horas foram passando e eu, atirado no sofá, zapeando e pensando em comida. Pensei em correr. Pensei em dormir. No entanto, continuei pensando em comida.

Comi mais uma vez.

Na sequência, fiz uma lista de afazeres e metade da lista foi de comidas que eu deveria aprender e restaurantes que eu deveria visitar.

Comi mais uma vez.

E concluí que poderia acontecer qualquer coisa; eu continuaria pensando em comida. Madonna poderia assumir que ainda é virgem. Havana poderia se tornar capital dos Estados Unidos. Antonio Fagundes poderia assumir namoro com David Brazil. Pabllo Vittar, declarar sempre ter sido heterossexual. Revelarem que rúcula é rica em gordura trans e que Santos Dumont foi uma *drag queen*. Eu continuaria pensando em comida. Só me restava pedir ajuda ao Santo Freud das Compulsões Reprimidas ou ao Santo Lacan das Ideias Obsessivas. Contudo, eles não me responderam. Concluí, então, que eu estava no período que denominei abstinência, momento pós-término de um namoro.

Durante esse período, ficamos suscetíveis a recaídas e, concomitantemente, a descontamos tudo na comida. Esse ciclo pode se estender por semanas ou meses; e os sintomas são mais fortes aos domingos (e era um domingo). O dia em que estávamos sempre juntos — consequentemente, o dia da recaída. Sobretudo quando estamos em momentos de vulnerabilidade, somos mais suscetíveis a recaídas. Porque o que comanda as decisões não é o cérebro, e sim a angústia. E ela nem sempre toma as decisões mais sensatas aos domingos. Então, era melhor eu continuar com o pensamento em comida do que ter uma recaída. Foi o que ocorreu. Resisti à tentação de mandar mensagem; parei de comer. Antes de me deitar, no entanto, eu percebi que o travesseiro tem formato de sanduíche e fiquei tão feliz... Eu iria dormir com a cabeça em um sanduíche. "Bebida é água", comida é sono.

A BARRIGA

Como resultado da fossa pelo fim do namoro, eu me entreguei às comilanças, e adquiri uma protuberância na parte abdominal. As calças começaram a ficar apertadas, as bermudas não pareciam mais tão folgadas. Não tardou para que eu começasse a ter reflexões sobre minha nova amiga, a barriga. E percebi que ela vem sofrendo retaliações como em nenhuma outra época. Vivemos tempos obscuros. Parece existir um exército de patrulheiros que desejam vê-la chapada, espremida. Um cenário similar ao da Idade das Trevas, quando caçavam bruxas; elas agora são as barrigas arredondadas e voluptuosas. Não há para onde correr. Sinto-me cercado. Mesmo que eu opte por abrir uma revista de empreendedorismo, em alguma página estará estampada uma foto de um novo adoçante ou de uma franquia de comida macrobiótica.

A barriga é uma vítima torturada dos tempos fitness, e nesses tempos não se sabe mais em quem confiar. Outro dia, um amigo fã de comida *junkie* (e que bebia litros de refrigerante) começou a fazer um discurso sobre os benefícios de ser vegetariano. Enquanto ele narrava, eu me lembrei que havia uma galinha morta, no forno, sem cabeça, com o corpo todo esfacelado, coxas para um lado, as asas para o outro. Comecei a me sentir um monstro. Culpado. E pensando "que morte terrível teve esse animal... Será que agonizou até o último suspiro e, enquanto morria, olhava para o seu algoz com olhar de clemência?". Esses discursos de culpa funcionam facilmente com um pisciano como eu, que, por me sentir culpado, dei a galinha para um morador de rua no dia seguinte. Naquele dia, pedimos comida de um restaurante vegano.

A barriga sofre com a ambiguidade da sociedade, que, ao mesmo tempo em que cobra para que todos sejam magros, promove todas as comemorações regadas a comida e bebida.Uma sociedade cruel desde sempre. Haja vista que, na época em que as barrigas eram valorizadas, havia dificuldade para se conseguir comida. Hoje, com as facilidades em se conseguir comida, o modelo de beleza tornou-se a magreza. Uma sacanagem! A barriga está sendo vigiada em todos os lugares. Comer compulsivamente tornou-se um vício preocupante, e a gula ainda é um pecado vigente. Eu sou um defensor da alimentação saudável. Contudo, a implicância com a barriga virou neura, histeria, exagero. Portanto, deixem a barriga em paz. Ela tem o direito de existir — assim como eu, o de cometer meus excessos gastronômicos vez ou outra. Até porque eu não estava nos meus melhores dias.

SILÊNCIO E SUSSURROS

No Jardim do Éden deveria haver um silêncio "ensurdecedor". Não havia os agudos da Whitney Houston, nem vuvuzelas ou fogos de artifício, nem tampouco celulares tocando. Mesmo assim, Eva cedeu à tentação do fruto proibido. A sua mordida foi o barulho original e, de lá para cá, ele só aumentou: barrigas cresceram, povos peregrinaram pelo Saara, territórios foram invadidos, até que a Revolução Industrial matou o silêncio para sempre. Sujeitos migraram para as cidades e logo surgiram os carros, aviões, incontáveis eletrodomésticos e o silêncio ficou trancafiado em alguma tomada (de três pinos).

Eu também fiquei trancafiado uns dias em casa, depois do fim do namoro; eu não queria socializar, nem conhecer novas pessoas, nem tampouco ouvir barulhos. Apesar de adorar os agudos da Whitney. Eu só pensava em comer, beber, continuar no silêncio do meu lar. E, diferente de algumas pessoas que não o suportam e correm atrás do dinheiro — ou do amor —, eu corro primeiro atrás do silêncio, sobretudo às quartas-feiras.

Durante semanas consecutivas fui torturado por xingamentos e onomatopeias. Elas alternavam-se entre "Ahhhh!", "Nãoooo, desgraçado!","Nãão, porra!" e "Entra com tudo, desgraça!". Eu não sabia se era sexo ou briga; se chamava a polícia ou batia na porta do vizinho, para me misturar à "festinha". Semana passada, a dúvida se dissipou, quando ele gritou "Goooool!" em um tom tão alto que os moradores das ruas adjacentes devem ter ouvido.

O mundo virou um grande parque, onde somos meros pagantes, vítimas e algozes de sirenes, despertadores, gritos, explosões, músicas que se cruzam. Barulhos vinte e quatro horas por dia. Como se estivéssemos cercados pelas trombetas em Jericó. Uma sirene sempre parece estar à espreita da nossa casa; nem sempre nos livramos delas, mesmo de porta e janelas fechadas. Alguns sujeitos se autoimpingem qualquer sonoridade: música, tevê, jogos. Como se o barulho fosse um pedaço de vida. Eu, por morar em andar baixo, sou brindado com pérolas que, às vezes, ouço da rua: "Trinta ovos por dez reais, freguesa…

Trinta ovos por dez reais, freguesa... Trinta ovos por dez reais, freguesa...".

    Eu acordo, no dia seguinte, como se tivesse ouvido uma música dos Ramones trinta vezes consecutivas. O que me faz sair à caça das migalhas de silêncio que me restam — e que, a cada dia, tornam-se mais raras. Até dentro do meu apartamento ele se esvai, com o relógio que desperta; a máquina de café, com seus graves; a batucada da máquina de lavar; o latido da cachorra. O silêncio virou uma joia muito rara. Contudo, nem todos o desejam. Trinta ovos por um silêncio! Trinta ovos por um silêncio! Trinta silêncios por nenhum ovo!

TOP

Depois de dias sem socializar, fui convencido a ir até a uma pizzaria. Entre os amigos dos amigos, havia uma menina que usava *top* em noventa por cento das suas frases. Enquanto, em silêncio, eu pensava...

... se o Olimpo das palavras existe, *top* não está nele. Está em suspenso, em uma espécie de umbral. Num aliciamento fervoroso, junto dos trocadilhos e outras frases grudentas que permanecem num looping infinito na nossa memória, desde que as ouvimos pela primeira vez.

Não há como tirar da mente "Ai, ai, se eu te pego; ai, ai se eu te pego..." ou "Vai descendo na boquinha da garrafa..." ou, ainda, "Bom xibom, xibom, bombom; bom, xibom, xibom, bombom...".

Elas são petrificadas na eternidade do segundo em que a nota musical invade o aparelho auditivo, levando-as direto para o parassimpático — onde, instaladas, podem testemunhar o momento lancinante: numa prova, necessitando citar um ditado, o que virá à sua mente será... "Pau que nasce torto nunca se endireita... menina que requebra, a mãe pega na cabeça".

Algumas dessas frases me trazem a sensação de terem alcançado um grau de sofisticação ímpar, que nem *Os Lusíadas*, nem tampouco *Odisseia* se equiparará. Como competir com a poesia enigmática de "Tchêtchererêrê, tchê, tcherererê, tchê, tchê, tchê, tchê, Gusttavo Lima e você"? Depois de ouvi-las, só me resta uma alegria na vida: a de esperar o dia em que as frases que contenham a palavra *top* sejam classificadas como erro ortográfico.

E sinto informá-lo que não importa onde você viva; em algum momento, você irá até um bar para se divertir e alguém o impingirá a ouvi-lo falar *top*. Restará a você apenas sentir calafrios, frêmitos nervosos, *delirium tremens*. E, num tempo não muito distante, ouvirá alguém vociferar alguma de suas primas, as queridas *topper*, *topzera*, *topzão*, *topister*, *toppeper* e *toppíssima*. Então, neste instante, você saberá que Machado de Assis dança, no túmulo, a coreografia de "Tchetchererê, tchetchê, Machado de Assis e você".

EU NÃO *UNDERSTAND* PORTUGUÊS

Esta minha obsessão por palavras deve ter surgido para eu não pensar na fossa da qual eu estava tentando sair. Depois de ruminar sobre *top*, a nova obsessão dirigiu-se às palavras em inglês incorporadas à nossa língua. E também à algumas expressões, em português mesmo.

É que parece que sou o único a ter dificuldade para entender português. Uma língua que usa "pois não" para sim. E "pois sim", para não. Que, quando alguém te chama de "querido" é porque está com ódio. E, se te chama de "amado", está com mais ódio ainda. Sem falar que, se a pessoa disser "só achei engraçado que…" significa que ela não achou engraçado; pelo contrário: está com mais ódio que nos outros exemplos, mas tentando camuflar a irritação.

Para complicar ainda mais, há uma mistura do português com o inglês que faz com que pareça que estou falando em um dialeto. Quase todo mundo fala *off-line*, *backup*, *frisson*, *outdoor*, *gentleman*, *lady*, ou *hall* com naturalidade. Então, quando eu vejo um estrangeiro falando errado eu o perdoo na hora. Se eu, que nasci aqui, tenho dificuldade... imagina um gringo! Afinal, há palavras tão entranhadas na nossa língua que eu já nem lembro como se fala em português. Você que está lendo este texto, seja sincero: você lembra o que é *blackout*? Ou *ticket*?

Agora, o mundo corporativo realmente se superou! Esse campo se apropriou de tantas palavras estrangeiras (é um tal de *board, branding, brainstorming, approach, budget, business, trainee, job, start-up, newsletter, network, office boy, insight* e tantas outras palavras), que é necessário o sujeito saber inglês até para conseguir tomar um café. (O momento *coffee break*). Imagina uma frase toda, usando essas palavras! Seria algo como: "Tenho que ir amanhã no on the job, fazer um brainstorming com um business partner e preciso levar um dossiê para o trainee do e-learning, pois espero o feedback do chefe dele". Eu não faço ideia se a frase acima faz sentido.

Existe também o caso isolado da palavra "gastronômico", que está virando gourmet, mesmo com a resistência de alguns. Eu endosso este grupo de resistência à gourmetização; seus efeitos na comida transformaram tudo em *fast food*. Olha eu me contradizendo: tentando criticar e me rendendo ao estrangeirismo!

Não me levem a sério, me levem para Marrocos, para Londres; me mandem uma transferência bancária ou uma comida, que aceito até se for gourmet.

NEM JUNTO,
NEM MISTURADO

Havíamos sobrevivido às plataformas dos anos setenta, às permanentes dos anos oitenta. A moda parecia mais minimalista nos anos noventa. Então, o que desregulou o mundo foi a gastronomia, quando entrou em voga misturar o doce e o salgado.

Era um mundo de separações compulsórias; entretanto, necessárias. A harmonia existente foi quebrada com o novo paradigma. Passei a ser tomado pela ansiedade, ao chegar numa sorveteira e me deparar com um sorvete de bacon. Ou estar em uma pizzaria e correr o risco de todos os neurônios se descontrolarem, quando alguém na mesa sugeria que metade da pizza deveria ser de chocolate. Essa pessoa ainda abria precedente para o término da amizade.

E, se essa onda ficasse restrita a ambientes públicos, tudo bem. Todavia, ela parecia se avolumar, a ponto de invadir a minha vida privada, provocando sobressaltos homéricos, como o momento intraduzível de estar na casa de uma prima e me perceber com uma maçã, misturada a batatas, sal e maionese, atravessada na úvula. Esse episódio me fez concluir que a linha da permissividade para amalgamar o doce e o salgado deve ser restrita a queijo com goiabada e à pera com gorgonzola. Ultrapassar essa fronteira delicada é estar beirando a ilegalidade.

O salgado e o doce vivem em galáxias opostas, porém felizes. Separados por suas singularidades. Misturá-los é como tentar acasalar uma girafa com um golfinho, ou criar uma tartaruga como cão de guarda. Não orna. E essa moda ainda conseguiu destruir a tradição secular de respeito aos ingredientes quando apresentou a coxinha de brigadeiro, o salame com leite condensado, o sanduíche de sorvete com mortadela. Mais do que isso, naturalizou a barbárie gastronômica.

Não foi à toa que a década que iniciou com a liberdade de Mandela terminou com a melancólica guerra de Cargil. O fim de "Friends" e de "Barrados no baile", no início da década subsequente, provava que o novo século seria "agridoce". E, desde então, só aumentou essa onda que perpassa lares, bares, festas, restaurantes. Considero algumas misturas blasfêmicas, pecados imperdoáveis. Quem os comete é um herege gastronômico e deve ser punido com vigílias, multas, excomunhão e, quem sabe, até com o exílio.

SEM PERSONALIDADE

Nem doce, nem salgada, nem azeda, nem cítrica. Também não possui um amargor que lhe confira uma singularidade. Não é impactante na forma, nem tampouco nos remete a alguma experiência gastronômica inesquecível. Sua coloração não impressiona. Seu verde externo é meio desbotado. Seu branco interno não aguça as papilas gustativas e, como se a ausência de impacto visual não fosse suficiente, a pera é quase inodora, o que a torna uma fruta sem personalidade.

Certamente a pera não se mostrou competente o bastante para suplantar outras frutas e, assim, ascender a algum capítulo único da história, imprimindo uma marca indelével, associando seu nome a alguém, numa conexão similar à da banana com Carmen Miranda. Faltou-lhe cacife para ser registrada como a maçã de Cézanne ou tornar-se a fruta-símbolo da Apple e de Nova York.

Num mundo de modismos efêmeros e substituíveis, a pera poderia ter embarcado no trem da demanda urgente por produtos naturais e atingido o seu lugar ao sol. Ocorre que ela consegue naufragar até no que possui de melhor, e as suas qualidades nutricionais acabam sendo pouco ressaltadas por nutricionistas e endocrinologistas, permanecendo à sombra das outras frutas. Se, pelo menos, quando se metamorfoseasse, adquirisse alguma peculiaridade... Entretanto, a metamorfose a piora: doce, a pera vira coadjuvante do que encosta nela.

E, ao analisarmos sua trajetória sofrível, percebe-se que "é mais fácil um camelo passar pelo fundo de uma agulha", do que a pera conseguir algum destaque. Nem potencial para viciar ela possui, ou para se tornar uma crendice popular (como "faz mal beber manga com leite"). Tampouco transformou-se numa gíria, como o abacaxi, ou ganhou fama de legume, como o tomate. Ela, no máximo, nomeia a gordura que se instala nos quadris. No entanto, as pessoas lembram muito mais da gordura maçã (do abdômen). Olha a maçã: invisibilizando a pera e tomando o seu lugar de fala. O que me leva a concluir que essa fruta passa facilmente despercebida. Similar a algumas pessoas sem brilho, seres sem carisma. Passam e não deixam sua marca, por serem insípidas e inodoras, fazendo a mesma falta de uma pera na salada de frutas.

DE ROMEU A CLARK KENT

O amor é tão inusitado! Pode surgir quando desistimos dele ou nascer de um erro. Você pode cruzar com a sua Elize Matsunaga numa esquina qualquer. O coração pode acelerar e você não terá como saber quem é aquela pessoa de verdade. Então, você segue sua vida: pesquisa promoção de bebida favorita, marca um segundo encontro, aprende uma nova receita, nada no Arpoador. Vocês têm um terceiro encontro. Começam a ter longas conversas. Surge um quarto encontro. A vida vai passando. De repente, estão juntos há cinco meses e já é Natal na *Leader Magazine*. Simone te pergunta: "então é Natal... e o que você fez?". Você entra em crise com essa pergunta, pois, da lista de coisas para fazer, não fez nem a metade. Não perdeu nem aqueles três quilos que prometeu para si, e ainda postergou todos os outros itens da lista. Então, vocês marcam de passar o Réveillon juntos e metade das roupas da sua cara-metade já estão na sua casa. O grande problema é que, nesse curto espaço de tempo, não deu para perceber se você está saindo com um Romeu ou com um estelionatário. Porque demora para descobrirmos quem realmente a pessoa é. Enquanto pensava sobre isso, me deparei com uma notícia similar, num jornal, uma história que começou como tantas outras. Mas havia um detalhe: um estelionato. A notícia parecia um roteiro de um conto de fadas às avessas, onde a Bela Adormecida se apaixonava por um Pinóquio. A reportagem contava que uma moça, periodicamente, emprestava dinheiro ao namorado. Não tardou e a Bela, como se tivesse se livrado de um feitiço, acordou e percebeu que os empréstimos a fizeram acumular uma dívida de R$ 101.537,71. E ainda teve seu nome negativado junto aos órgãos de defesa do consumidor. Ela recorreu à Justiça e ganhou a causa, denominada "estelionato sentimental". O Pinóquio foi condenado a reembolsar a Bela Adormecida.

Essa reportagem exemplifica o que pode ocorrer em qualquer relacionamento. Você conhece o sujeito, vai se aproximando aos poucos e, de repente, a máscara cai. Então, se você der sorte de esbarrar com um Clark Kent, não crie a expectativa de que ele seja o Super-Homem. Agradeça se a pessoa com a qual você estiver saindo não for o goleiro Bruno. Lembre-se que ainda existe essa ideia de perfeição, que faz as pessoas se apresentarem como um príncipe ou como a Mulher Maravilha. Só depois descobrimos que estamos envolvidos com Bovarys, Pinóquios, Buzz Lightyears ou uma Suzane von Richthofen. Essa demora em se revelar quem se é faz os contos de fadas contemporâneos terem finais imprevisíveis! Mesmo sem mágicas e bruxas, podem terminar no "feliz enquanto dure", na polícia ou, como o meu, que virou "o homem invisível". Em alguns casos mais dramáticos, como o da moça do jornal, termina em um tribunal.

INÍCIO

CEGONHA CALOTEIRA

Para Elizama Schmitz

A minha mãe anunciou que a cegonha passaria lá em casa em breve. Eu já sabia que a cegonha era uma dessas metáforas que os adultos usam para esconder alguns detalhes. O que eu não sabia, naquela época, era que, entre as coisas que os adultos nos escondem, a cegonha é a mais complacente. Escondem-nos que, se dermos a sorte de nascer em uma família que, pelo menos, nos aceite, já saímos em vantagem. Teremos menos traumas que a média das pessoas. Como consequência, gastaremos menos dinheiro com terapia. Entretanto, ninguém está livre de ter um Caim como irmão ou de encontrar um colega de escola que destrua a nossa segurança a prestações.

E, como se a infância não fosse suficiente, as dificuldades só aumentam quando nos tornamos adultos: a competição no trabalho, os desencontros no amor, algum vício, gente de mau-caráter nos boicotando... Eu, no entanto, ainda nem suspeitava dessas dificuldades, quando a minha mãe usou a cegonha para nos dar a notícia da gravidez. E, depois daquele dia, muitas outras novidades se seguiram em um curto espaço de tempo. Todo retorno ao médico era seguido de uma notícia diferente e que, às vezes, soava ambígua, devido ao meu limitado entendimento. A notícia que, talvez, a nossa irmã nascesse prematura e tivesse que permanecer por um tempo na incubadora não me elucidava em nada. Entretanto, eu, mesmo sem saber o que significavam *incubadora* e *prematura*, achava as palavras estranhas. Eu também não conseguia imaginar as implicações de um parto prematuro. O que eu sabia era que idas frequentes ao médico me traziam um presságio de que algo não estava bem.

Os meses seguintes foram intercalados por sustos e boas notícias. Minha mãe fazia muitos exames e voltava logo para casa, o que nos tranquilizava. Ela também ficou hospitalizada algumas vezes. Até que, numa dessas idas ao médico, ela deu a luz a Elizama, com sete meses de gestação; mas, infelizmente, não voltou para casa com nossa maninha. Elizama ficou na famigerada incubadora. Fato já esperado. O que não era esperado é que ela nunca viria morar conosco. Cinco dias depois, Elizama faleceu e tivemos que lidar com essa perda de uma alegria que só se anunciou. Foi como ter feito um trato com uma cegonha caloteira, que decidiu, na última hora, não cumprir com a sua palavra.

CORRA, RODRIGO, CORRA

Para Eraclides Schmitz

Se eu pudesse voar ou se existisse uma pílula que me teletransportasse, aquilo não estaria acontecendo; entretanto, não consigo voar, nem tampouco existe uma pílula de teletransporte. Então, o que me restava era fugir. Eu corria e sentia os seus passos cada vez mais perto, enquanto o ouvia gritar.

— Se não parar, vai ser pior.

Se eu desse ouvido às suas ameaças, teria levado boas relhadas nas pernas; contudo, o medo da dor me fazia correr cada vez mais. Saber que meu pai estava com um relho na mão e que me bateria com muita vontade se me alcançasse servia de força para continuar correndo.

Se eu fosse o He-Man, bastava levantar a minha espada mágica, mudar de roupa, e meu pai não me reconheceria. O He-Man só muda de roupa e o pai dele não o reconhece. Curiosamente, eu não sou o He-Man e, depois dessa fuga, não ganharia o boneco que ele havia me prometido semanas antes. Enquanto eu corria, pensei até em argumentar sobre o que tinha feito e implorar perdão. Contudo, eu não sabia quais das minhas travessuras havia sido descoberta. Diante dessa adversidade, eu não sabia nem o que dizer. Só tempos depois, fui descobrir que contaram a ele que eu não deixava as galinhas dormirem, que eu as expulsava do galinheiro, por achar que seis da tarde era um horário muito cedo para elas irem dormir. No entanto, isso foi depois de correr, correr, correr em volta da casa, sem saber onde me enfiar.

Se eu encontrasse a minha mãe, talvez ela me protegesse; mas eu não a encontrei. O que me favoreceu foram os meus oito anos de idade contra os quarenta e seis anos do meu pai e sua vida sedentária, que o fizeram cansar mais rápido e diminuir os passos. Mesmo assim, eu só parei quando entrei no quarto da minha vó Nena, a tempo apenas de dizer que eu estava em perigo. Antes de mais explicações, meu pai bateu na porta e ela disse:

— Pode entrar.

Ele abriu a porta, me fuzilou com o olhar, cumprimentou-a e perguntou se ela estava gostando da estadia ali em casa. Ela respondeu que estava achando tudo perfeito. Conversaram brevemente. Enquanto eu me mantive de cabeça baixa, só cuidando-o pelo canto do olho. Em seguida, ele fechou a porta e, por respeito à minha avó, ou por ter passado a raiva, ele esqueceu do assunto nos próximos dias. Essa foi a última vez que tentou me bater. Tempos depois o câncer começou a consumi-lo, aos poucos, e ele passou mais tempo no hospital do que em casa. Quando ele voltava para casa, estava sempre muito frágil; enquanto eu, depois dessa fuga, nunca mais fui perturbar as galinhas.

VOCAÇÃO PARA VAMPIRO

A infância deixou marcada, em mim, o primeiro encontro com a solidão e a falsa certeza de que, após o crepúsculo, as melhores coisas ocorriam.

Enquanto todos dormiam, eu perambulava pela casa, sozinho. Vendo os mesmos quadros e fotos nas paredes, com seus rostos talhados, mas em tonalidades diferentes daquelas de durante o dia. Os mesmos barulhos que, durante o dia, pareciam se mimetizar um ao outro; à noite, tornavam-se altissonantes.

A infância foi tornando-se passado e o desejo pela noite, sendo reforçado. Deixei de vê-la apenas pelas luzes que cintilavam e atravessavam a cortina translúcida e passei a ter, com ela, uma relação simbiótica, na qual o hedonismo estava relegado apenas ao momento noturno. Foi à noite que troquei os melhores beijos e recebi as piores notícias.

Uma dessas notícias quebrou a certeza de que as coisas ocorrem na sequência início, meio e fim. A morte do meu pai chegou em uma noite e me trouxe a sensação de que alguns fins ocorrem no meio e que algumas histórias ficam incompletas. Para essas situações, a noite sempre me esperava de volta, como se eu fosse um animal voltando ao seu habitat natural.

A cada retorno, o olhar astuto era aguçado, para discernir os diletantes dos que nutriam, pela vida noturna, um breve desconforto. A negociação com a pressa e o tratar a cama como o derradeiro recurso legitimavam (ou desmascaravam) o falso boêmio. No que se refere a mim, no entanto, essa vocação involuntária perdeu a pujança. Eu ainda vou a qualquer lugar e me sinto de muitos lugares. Contudo, cada vez de forma mais esparsa. Estou duvidando da minha própria vocação, por ter me tornado um vampiro que está preferindo, cada vez mais, o dia.

FÁBULA FEIA

Para minha prima Mavana

Esta é a história de um rapaz de quinze anos (que, no caso, sou eu). Ele tinha alguns grandes amigos; entre eles, uma prima (que, no caso, se chama Mavana).

Juntos, nós vimos o Baggio perder o gol e o Brasil se tornar tetracampeão, assistíamos a filmes no video cassete e brincávamos de fazer filmes. Não raro, fazíamos elucubrações sobre nosso futuro ainda incerto. Havia dúvidas colossais sobre a carreira, religião, sexualidade. Cobranças da família e responsabilidades somadas a uma certeza: um dia eu estudaria fora de Alegrete.

Enquanto isso não ocorria, eu fiz a minha incursão na noite e tive uma vida amorosa restrita a amores platônicos. A palavra *namoro* me soava como uma festa à qual eu desejava convite; entretanto, não sabia se participaria quando o convite chegasse. Este era o mote, que só confirmava que eu seria um neurótico de carteirinha na vida adulta — e que boa parte do meu salário eu deixaria com os psicanalistas.

Entre uma festa e outra, fui percebendo que minha prima Mavana foi se afastando da nossa convivência. Mesmo assim, parecia que ela não descumpriria o *script* seguido pela maioria das primas: ir à igreja, se formar, algumas festas, casar e ter filhos. Contudo, numa manhã, na escola, ela cedeu a um convite reincidente para experimentar maconha. Contíguo ao convite, havia a promessa da impossibilidade de se viciar. Que não se cumpriu. Mavana usou durante o recreio e não voltou para a aula naquele dia, nem naquele ano.

Daquele dia em diante, ocorreu uma espécie de amor; um amor destrutivo entre Mavana e a droga. Que começou com a maconha. Migrou para maconha com cocaína. Maconha com haxixe, loló, benzina, lança-perfume. Além de cigarro e álcool. No início, o uso teve patrocínio dos "amigos", que o cancelaram, porém, quando ela se viciou. Ela teve que arcar com as custas do processo destrutivo; trocando calçados e moletons pela droga. Nessa travessia, os objetos foram escasseando e, para sustentar o vício, ela teve que se tornar mula. As esquinas passaram a ser seu labor, onde entregava trouxinhas de maconha e papelotes de cocaína aos usuários.

Foram quatro anos de uso ininterrupto de drogas, que a faziam esquecer as mazelas. Ela usava como se não houvesse amanhã. Até o dia em que passou mal, com vômitos, taquicardia, enxergando vultos. Era uma overdose.

Socorrida a tempo, no hospital, descobriu que estava grávida. Cogitou, primeiro, o aborto. Depois, entregar para adoção. No entanto, nos dias seguintes, Mavana decidiu parar com as drogas e, apesar da difícil abstinência, não teve recaída.

Na época, eu só sabia fragmentos dessa história, pois ela ficou distante de todos os primos. Conforme o tempo passava, Mah entrou para a igreja e contou, para todos, o seu testemunho. Voltou a estudar, a trabalhar, casou, teve mais uma filha, tornou-se avó. E, atualmente, está na Bolívia, estudando para ser médica.

Esta história que ainda não terminou merece terminar no feliz para sempre.

LÍQUIDO

A ilusão produzida pelo álcool é tamanha que, por um instante, você para de sofrer com a imprevisibilidade da vida, porque nada está sobre controle e há pouca coisa que se possa fazer a respeito disso. Então, depois de algumas doses, você acredita que a melhor saída é dissolver os dissabores cotidianos em cada copo de vodca e virar até o último gole. A partir de então, ocorre o que chamo de alegria fabricada, junto com sentimentos que te afastam do pessimismo. As maçãs do rosto, levemente avermelhadas, trazem a certeza que você ficou mais bonito e a interação com desconhecidos parecerá que o seu carisma é comparável ao da Hebe. Mas não é!

Nos próximos estágios da bebedeira, a coisa piora e uma breve sensação de imortalidade teima em te visitar. A convicção de que a crise inexiste e que as tuas dívidas foram perdoadas te deixam leve e você tem a certeza de que pode cantar e filosofar. Tudo parece acessível. Neste momento, seu sistema límbico é atingido e seu lado animal pode aflorar, fazendo-o acreditar que ama a todos à sua volta — ou se meter em alguma briga.

E tudo só será menos embaraçoso se quem estiver no recinto também se embriagar, evitando testemunhas sóbrias (aqueles amigos que não bebem e, no dia seguinte, narrarão as constrangedoras cenas da noite anterior). Ouvir os detalhes do ocorrido, no dia seguinte, é uma das parcelas do preço que o prazer cobra. Alguns são altos, outros passíveis de serem parcelados.

O preço de se embriagar está ficando um pouco alto, para mim, que estou postergando-o a todo custo. Sobretudo, para evitar os juros inclusos no preço da ressaca. Ela é a prova de que o tempo passou. Quanto mais me afastei dos dezoito, mais conheci os seus efeitos lancinantes.

Hoje a Dona Ressaca pode nem aparecer. Existem esses remédios que amenizam o rastro de destruição deixado por uma noite de embriaguez. Esses rastros podem se amplificar por conta da sua prima, a Ressaca Moral. Essa segunda é ainda pior, porque seus efeitos podem trazer desastres mais significativos e se estenderem a outras pessoas, quando o que era engraçado para todos deixa de ser engraçado para alguém.

O que foi dito gera desdobramentos nos dias seguintes e pode ser resolvido delegando a culpa ao álcool. Ou pode se tornar uma trama melodramática que se estende por tempo indeterminado. Ela surge de um gesto, uma palavra distorcida, um segredo revelado. Uma verdade dura, dita em um momento de descontrole e criando efeitos negativos avassaladores. Pior que a ressaca moral, só mesmo quando o sujeito percebe que os porres estão frequentes e, nessa hora, a ficha deve cair: beber virou doença.

THE FLINTSTONES OU *THE JETSONS*? — PARTE I

O nosso processo civilizatório parece tão contraditório! Evoluímos em muitas questões, deixamos para trás olhares que atrasam e aprisionam o ser humano e, no entanto, em outros quesitos, estamos absolutamente obsoletos. Como se ainda estivéssemos na Idade da Pedra, inertes diante dessa dicotomia, convivendo com as últimas novidades tecnológicas e também com aspectos defasados, questões que já deveriam ter melhorado.

No quesito *drogas*, somente uma minoria as vê como um problema com fortes desdobramentos negativos que engloba família, medicina, justiça. Todos sabem que elas estão arraigadas na sociedade, mas cada agrupamentoas trata de uma forma. Todos os setores têm algum grau de hipocrisia, o que só contribui para o tema permanecer no interdito; o que nos faz continuar tão datados como uma Bedrock.¹

---

1 Bedrock é a cidade fictícia onde moram os personagens da série animada *Os Flintstones*, criada pelos estúdios Hanna-Barbera.

THE FLINTSTONES OU *THE JETSONS*? — PARTE II

O curioso é que, quando o assunto *drogas* se torna pauta com frequência, é por uma perspectiva que tenta reforçar a punição aos usuários. Sobre a *cannabis sativa*, especificamente, uma das razões mais fortes para que a mantenham na ilegalidade é o fato de não existir uma indústria poderosa como a do álcool. Somados, a desinformação e o estigma fomentam o silêncio sobre o assunto. Poucos políticos se atrevem a pautar este assunto, por saberem que sair em defesa das drogas não rende votos, nem dinheiro para a campanha. E, no lares, o tema só passa a ser discutido pelas famílias quando alguém muito próximo aparece como usuário.

Os debates, no entanto, ainda são tímidos. E as opiniões, díspares.

Há o grupo dos que acreditam que a maconha deva continuar a ser proibida; os que defendem a legalização; e os que, como eu, optam pelo caminho do meio: o da descriminalização.

Contudo, um grande fomentador do preconceito com a maconha é o Direito. Por fornecer as matrizes e os limites, quando associado à moral, o Direito acaba interferindo na forma como as pessoas encaram a maconha. Ao se categorizar uma droga como lícita ou ilícita, coloca-se, ao mesmo tempo, uma placa jurídica — e também moral —, o que contribuirá para a acepção de usuários e, principalmente, para o seu tratamento pela família e pela polícia.

O álcool é estimulado em algumas famílias e a maconha, reprimida em quase todas. Ao ser flagrado com droga, o sujeito estará à mercê do policial, que decidirá se ele é um usuário ou traficante. E, entre os fatores que influenciam essa decisão, estão a cor da pele, a roupa, o meio de transporte e o lugar em que se é pego.

As chances de um homem branco, de terno, num carro importado, num bairro chique, ser flagrado com maconha e apontado como traficante são exíguas; enquanto para um homem preto, maltrapilho, em uma bicicleta, na periferia, as chances são bem maiores. Não raro, um usuário de maconha, mesmo em estado de saúde grave, se for pego fumando, em vez de ser encaminhado a um médico, terá que, antes, solicitar um advogado.

E essa é outra questão importante: não é porque a maconha é uma erva que não faça mal à saúde. Pode fazer muito mal, sim, em excesso. Contudo, a descriminalização facilitaria o acesso do usuário ao tratamento.

No que tange às drogas, acredito que, mesmo convivendo com máquinas que desafiam a gravidade ou com robôs que ocupam o lugar dos humanos, detectando criaturas invisíveis e até viajando pelo espaço (um mundo similar ao dos Jetsons), estamos muito mais parecidos, no entanto, com os Flintstones. Permanecemos atrasados, sem conseguir discutir o básico.

Eu não sei se a descriminalização é a melhor saída. Sei que, associada ao diálogo, é o início. É uma das possíveis alternativas. Sobretudo, se diminuirmos a adesão de crianças ao tráfico e a incidência de mortes, já seria uma vitória. Convenço-me, cada dia mais, que torcer contra essas mudanças é agir como um ser da Idade da Pedra. Só falta o grito "Yabbayabba doo!".

TODO MUNDO É CHUCHU

Quando eu descobri que cereja em calda é, na verdade, chuchu, eu perdi a crença na humanidade e comecei a questionar tudo. Será que o homem chegou mesmo à lua? A Pangeia um dia existiu? Michael Jackson morreu? Elton John usa peruca?

Eu tentava seguir a minha vida; contudo, em algum momento, a pergunta sempre voltava: por que raios cereja em calda é chuchu? Um dia, assistindo a um documentário sobre cirurgias plásticas, consegui fazer uma conexão, ao compreender a lógica consumista que estava por trás do fato. O chuchu não seria atraente o suficiente. Então, eles melhoraram a sua aparência, fazendo-o se passar por cereja. Da mesma forma, as pessoas melhoram a aparência, ao recorrerem à malhação, ácidos, *liftings*, preenchimentos, harmonizações, cremes, cirurgias...

uma forma de consumo e de fazer parte de algo que todos estão fazendo, exceto você.

    Ocorre que, neste contexto, percebi que eu não estava mais reconhecendo algumas pessoas por elas buscarem métodos tão invasivos e insalubres que as repuxam e as transformam em demasia. Algumas séries parecem que trocaram os atores, tamanha é a mudança que as harmonizações provocaram, e não raro não sei quem é a mãe e quem é a filha. Muita gente abusando, como se fosse o desejo de juventude eterna do Peter Pan sendo consumado pelas mãos do dr. Frankenstein. Outro dia, deparei-me com uma senhora no mercado, que, claramente, tentou reproduzir a boca da Angelina Jolie, mas acertou na boca da Donatella Versace. O problema não são as plásticas; quem tem o desejo de fazer, faça. A questão são os excessos, o vício em intervenções e, em alguns casos, o transtorno dismórfico corporal. E, claro, a certeza de que somos todos chuchus tentando ser cereja.

RETROCESSO

E eu pensando que, em 2040, ir à Marte seria como ir do Rio a Sampa; que a avenida Atlântica teria carros voadores e os garçons seriam, todos, robôs. Contudo, parece que, apesar de todos os avanços, voltamos ao Período Cretáceo. O passeio na lua, do senhor Neil Armstrong, parecia o prenúncio de que tudo mudaria. Seguiu-se a revolução sexual, o fim da Guerra Fria, muro de Berlim derrubado, a Glasnost, a Perestroika, a terceira onda do feminismo e, então, certo dia, chegou o retrocesso, com o surgimento do crocs.

Durante anos eu o considerava apenas um calçado feio, no entanto, quando a gente vai ficando mais velho, tudo ganha contornos mais fortes e passei, realmente, a implicar com esse calçado (se é que ele pode ser chamado assim). O simples fato de vê-lo fazia a minha paz desaparecer. Essa "coisa" é tão perturbadora que, quando não o vejo ao vivo, ele aparece em sonho — o último foi com o Vladimir Putin cantando "Carcará", na minha sala, usando apenas um maiô e crocs.

Apesar da marca ter feitos *collabs* com celebridades e ter se tornado, para muitas pessoas, um objeto de desejo, eu não fui seduzido. E, de uns tempos para cá, sempre que me deparo com alguém usando, penso: "Vivemos num mundo com chinelos, tênis, sapatos e botas incríveis, o que faz essa pessoa optar por esse calçado?". Seria o crocs uma droga alucinógena extremamente viciante? Isso justificaria o seu sucesso. Alguns mais xiitas, no entanto, me responderiam que optam por ele, em razão do seu conforto. Eu lhes pergunto: não existia conforto para os pés antes do crocs? Ele é o oásis dos membros inferiores? A Gisele Bündchen entre os calçados?

No último ano, eu comecei a acreditar que nada poderia me chocar mais do que o seu design, até uma amiga me alertar sobre a versão infantil do crocs. Ou seja, estão expondo crianças e os culpados são os próprios pais, que transformam os filhos em chacota na escola. E depois não sabem por que as crianças crescem cheias de traumas! O crocs é o maior causador de bullying na contemporaneidade. O que é injusto com as crianças, pois são os pais que deveriam sofrer tais consequências por assassinarem o bom gosto dos filhos. Se os adultos querem usar, são livres para tal insanidade; agora, obrigar um inocente a usar uma anomalia nos pés é realmente imperdoável. Por um mundo com bom gosto! Por um mundo sem crocs! E, principalmente, sem pesadelos com o Vladimir Putin!

ÓDIOS E OCEANOS

Um mundo jurássico, anterior à nuvem, onde existia o prazer tátil do vinil e o telefone era apenas fixo, onde aquele conhecido descobria qualquer coisa da vida alheia e explanava os fatos, pelos bares e círculos sociais, adicionando comentários venenosos. Esse mundo não acabou, apenas sofreu uma metamorfose proporcionada pela internet. A labuta deles continua presencial, mas também migrou para as fotos e postagens, nas quais julgam fazer algo filantrópico. Esses sujeitos, agora, atendem pelo apelido "carinhoso" de *hater*.

É muito provável que eles vejam a si mesmos como seres superdesenvolvidos; criaturas com uma capacidade cognitiva superior, capazes de perceber as minúcias que a maioria é incapaz de codificar. E exercem tal habilidade sem piedade. Um dia eles estão bebendo líquido amniótico; no outro, já estão na rede, destilando intrigas, sem mensurar a fumaça de ódio que emanam. Com seus dedos ágeis teclam as ofensas à distância. Os olhos fixos aguardam a ação do objeto de ataque, que, com frequência, os frustra quando os ignora.

Parece que o ódio é um lugar de conforto para eles, que se agarram a este sentimento como se fosse o seu mentor. Sua cartilha é o ataque virulento, ao qual partem sem qualquer preocupação com o desdobramento de seus atos. Os *haters* são uma sequela do mundo virtual e parecem buscar visibilidade pela agressão. Seus comentários ácidos, antes restritos à sua rua, ou aos lugares que frequentavam, agora excedem barreiras. Um oceano não limita mais a sua ofensa, e partem para o ataque tal qual um enxame destruidor, sem normas ou limites.

Costumo dividi-los em *haters* habituais e interinos. Os primeiros são os que correm atrás de sua dose diária de ódio. Já, os interinos, seriam os sujeitos frutos de um mundo polarizado, que cedem ao impulso raivoso e atacam alguém (não tendo, porém, essa prática como hábito). Dessa segunda categoria, poucos conseguem escapar. O séquito dos *haters* parece se multiplicar diariamente, nestes tempos de intolerância. Onde o meio termo está em desuso e tudo ficou nos extremos; fazendo com que esses ódios gestados na internet invadam as relações pessoais e não deixem ninguém ileso a algum tipo de ataque. Os sujeitos parecem estar à procura de qualquer faísca para incendiar as relações. Qualquer resto de amargura, qualquer sinal de desarmonia é usado para terminar uma relação — que, às vezes, mal começou.

A PRAGA

— Posso te falar uma coisa?
Quando me deparo com essa pergunta respondo, sem titubear, com um simpático:
— Não, obrigado...
Coisa boa não necessita de liberação para ser falada. Ninguém pede licença para dizer que estava com saudade. Ninguém pede licença para elogiar. Quando o sujeito vem pedindo autorização é provável que se trate de sincericídio.
Ele tem passado incólume e se alastrado pelas amizades, famílias, casais. A sua chegada foi sorrateira e costuma se camuflar por trás de simples confissões, quando é a total ausência de alteridade.
Sua assiduidade nas relações deve-se à capacidade que possui de mimetizar-se à sinceridade, confundindo algumas pessoas, que lançam mão desse

recurso por acreditarem que estão sendo sinceras. No entanto, estão sendo grosseiras. A sinceridade é uma opinião embasada na franqueza altruísta, com o intuito de ajudar. Enquanto o sincericídio é norteado pela vaidade. Um mero dispositivo para agredir, camuflado em uma falsa ideia de amparo.

Essa praga vem se fazendo onipresente e tornou-se parte de uma dinâmica à qual muitos casais recorrem depois de um tempo de convivência. Por conhecer bem o parceiro, eles sabem exatamente como machucá-lo e o fazem por meio da crueldade velada que o sincericídio proporciona.

Esse neologismo indômito é parente próximo da falta de educação. Flerta com o sadismo. Seu uso com regularidade pode criar ressentimentos e, como agravante, parece estar instalado e sem cerca de contenção, só restando uma alternativa que sirva de impeditivo: o uso obrigatório de bom senso, em gotas, e de educação, em formato de supositório.

SENHAS

De Nostradamus à Mãe Dináh, de José no Egito a Rasputin, ninguém previu o quanto as senhas estariam intrincadas em nosso cotidiano.

Imagina se eu, quando fiz minha primeira conta bancária e fui instruído a escolher alguns dígitos aleatórios, cogitaria que, agora, ao alugar uma casa em outra cidade não recebo mais um molho de chaves, mas senhas...

Esse "pequeno passo para humanidade" foi se tornando um grande passo na minha imersão no mundo das senhas. Não tardou e vieram as senhas de e-mails, redes sociais, sites de compras e, claro, as senhas nos celulares! Aplacando o coração dos infiéis e destroçando o coração dos ciumentos, que partiram para uma busca incansável pela senha do parceiro. Compartilhar a senha do celular virou uma questão em muitas relações.

Antes da internet, quando um marido estava no quarto, havia a certeza de que ele não estava sendo infiel à parceria. Todavia, o celular e o advento da internet dissolveram esta possibilidade para sempre, em um clique. O marido, no quarto, pode estar conversando com várias mulheres, trocando nudes, praticando sexo virtual, sem que isso seja considerado trair. Mas, para outras pessoas, o simples fato de dar like na foto de alguém de sunga já configura uma traição. Essa mudança complicou tudo e, para tentar controlar a vida do parceiro, saber a senha é uma alternativa. No entanto, dividi-la (ou não) é algo muito subjetivo — e cada um sabe os seus limites.

A senha pode virar motivo de briga entre casal, questão de invasão de privacidade, descoberta de infidelidade. Mentiras foram desvendadas, verdades jogadas no ventilador, golpes foram parar na polícia. A senha virou soberana e permeia a nossa vida. Junto às câmeras de segurança, elas tentam nos dar uma sensação de segurança e, apesar de eu reclamar quando alguma senha não funciona, elas são mais práticas do que receber uma única chave quando se está viajando com um grupo de pessoas. As senhas deixam os viajantes independentes, cada um pode voltar para casa à hora que quiser. Contudo, elas sempre me deixam a sensação de que estamos virando um símbolo, um totem, meros escravos da tecnologia.

O ADEUS VIRTUAL

Eu sou a favor de terminar uma relação virtualmente por considerar que o fim chega bem antes do dia que o casal senta para conversar. O aparato não presencial serve como um agente facilitador, evitando que o outro, ao estar frente a frente, manipule, chantageie e, assim, o casal continue junto e infeliz.

A resistência de muitas pessoas a essa prática pode ser porque, mesmo as que iniciaram um relacionamento pelo virtual (algo aceito por quase todos), ao serem descartados por esse meio, sintam-se desimportantes, meros avatares, ou considerem que o outro seja um covarde por não ficar tête-à-tête para o término. Existem muitos covardes e imaturos que utilizam esse recurso. Contudo, não estou me referindo a esses tipos. Neste texto, discorro sobre as pessoas maduras e práticas, que recorrem ao virtual a fim de evitarem possíveis brigas, constrangimentos e sentimentos como a pena.

E esse formato é sempre mais bem sucedido quando quem deseja o término já tenha pensado, repensado e até vivido seu luto dentro da relação, antes dela terminar formalmente. Devo ressaltar que apoio esse recurso apenas para finais de namoros. Para pessoas casadas ou que moram juntas eu não indicaria esse método, por acreditar que haja questões mais sérias, envolvendo dinheiro, filhos, advogados, além das outras questões sentimentais.

O término depende muito de como é feito e se engloba educação e respeito pelos sentimentos alheios. Sobretudo deve-se deixar em aberto a possibilidade de um encontro presencial, caso o outro assim aspire. Vale ressaltar que o final nunca é abrupto; o parceiro dá sinais, nós é que estamos desatentos ou nos negamos a enxergá-los. Portanto, quando um casal senta para conversar, algo já está estragado.

Defendo a prática do virtual também por acreditar que a relação morre quando um dos pares deseja o fim. Então, o óbito — não importa se presencial ou virtual — já ocorreu. A conversa é mera burocracia.

EU, DAVI E O FEIJÃO

Para Davi Schmitz Calovi

Foi quando eu voltava para casa, cruzando avenidas por flanelinhas, motociclistas e, quem sabe, até por um tiro (porque, para quem mora no Rio de Janeiro, há sempre a possibilidade de ouvir um). Para passar o tempo, eu cantarolava Caetano e tentava pensar em algo que não fosse a sequência "congestionamento, fome, cansaço". A temperatura acima da média fez meu retorno para casa parecer ainda mais longo. Entre um pensamento e outro passei os olhos no celular e li as três mensagens monotemáticas da minha irmã, onde ela explicava, de forma sucinta, que, talvez, o feto não passasse de um ano e o médico indicou tirar a criança.

Depois de duas ligações frustradas, já em casa, desisti de falar com ela e resolvi escrever. Contudo, a escrita às vezes escapa, as palavras nem sempre se adequam ao sentido a que tentamos sujeitá-las. Eu queria usá-las para exorcizar meus pensamentos repetitivos, mas elas se rebelaram e o que consegui foram algumas frases desencontradas — que, depois, transformei neste texto.

Enquanto as horas não passavam, restou-me sentir o aroma do feijão do vizinho entrar pela janela da cozinha. Algo que, em outro dia, teria me feito salivar, hoje nada ocorreu, exceto a certeza de que uma mensagem pode mudar a sua semana. Há alguns dias eu estava em um namoro e sabia que seria tio pela segunda vez; de repente, uma avalanche surgiu: eu estava solteiro e não era mais certa a chegada do sobrinho.

Então, numa longa jornada noite adentro, que se estendeu pela manhã e quase à tarde, permaneci entre ideias contraditórias. Havia a certeza da impotência diante do que se apresentava e o pensamento mágico de que, talvez, tudo não fosse tão grave. No entanto, é depois de uma noite que os ânimos se aplacam e conseguimos ver o problema em perspectiva, o que torna mais fácil resolvê-lo. No dia seguinte, conversei com minha irmã com calma e, aos poucos, fui assimilando; o que me levou a concluir que só a espera aplacaria tudo. Por muitas noites, eu voltei a ruminar sobre o que ocorreria.

Até que, numa dessas noites, Davi nasceu e, curiosamente, adora feijão. Ele veio para mudar a forma como a nossa família lida com as diferenças. Mesmo com dificuldade para falar e para caminhar, ele vem derrubando todos os Golias que apareceram pela frente.

MEIO

O SOCO II

Ouvir tiros virou uma sinfonia mórbida, audível em qualquer lugar da cidade.
O som uníssono da barbárie tornou-se recorrente, a expressão "locais de risco" perdeu o sentido. A cidade inteira virou um local de risco; o que deveria me deixar apavorado, contudo, parece que perdi a capacidade de sentir por um tempo.

Qualquer sirene que, ao longe, crepita serve de prenúncio a algum infortúnio. Segurança é uma palavra encontrada apenas no dicionário aqui no Rio. Em nenhum lugar ela pode ser exercida. A guerra do tráfico invadiu as ruas, as escolas e deixou a população à deriva.

Nem o falso ancorado hedonismo ficou incólume, desde que a noite foi engolida pelo medo. Os assaltos periódicos já levaram algumas casas noturnas a fecharem as portas. As ruas transformaram-se em alvos, onde uma bala perdida parece estar rondando na próxima esquina.

Esta cidade, encantadora por sua geografia bem torneada, banhada pelo mar que a transforma em relicário para os moradores e atrativo para turistas, convive com discrepâncias. Próximo aos calçadões e prédios imponentes circulam crianças e adultos que se alimentam do lixo ali deixado. O barulho dos tambores do samba se confunde com o das espingardas. No entanto, mesmo com tudo isso, eu fui me acostumando a ela, e por aqui ficando.

Esse "purgatório da beleza e do caos", no qual a contradição grita e o governo é designado pela metáfora de um circo abandonado e falido, agora naturalizou um espetáculo de terror, que me anestesiou por tempo indeterminado.

O TELEFONEMA VIROU PROVA DE AMOR?

Desde que a invenção de Graham Bell começou a ser preterida pelas mensagens do celular, os telefonemas tornaram-se escassos. Passei a ouvir, de forma irônica, frases que fomentam a dúvida sobre se o telefonema teria sido alçado à prova de amor.

Essa transição ocorreu de forma tão orgânica que eu nem percebi se fui abduzido durante o processo. Eu lembro é de que as pessoas já haviam migrado das conversas individuais para as mensagens em grupos, onde a obrigatoriedade de responder se dilui. Um manda mensagem; outro, um vídeo; e a mensagem anterior se dissipa. Numa questão de minutos, todos já estão entretidos com outro vídeo, com outro assunto… No entanto, sempre presos ao celular, que virou um vício.

Esse objeto meio retangular transformou a todos em caricaturas, incapazes de ver, com distanciamento, a relação simbiótica que mantêm com ele. O celular foi transformado em um membro do corpo, um fiel escudeiro que está sempre próximo — seja na cabeceira, no bolso, no banheiro. E, quando a bateria acaba, pode causar crise de abstinência, por matar a possibilidade da onipresença que o aparelho emula.

Nos relacionamentos amorosos, o celular tornou-se a via para marcarmos encontros e postergá-los, desde que "fazer joguinhos" com a ansiedade e as inseguranças do outro virou um imperativo social, tornando-se a arma preferencial na hora da conquista. Não responder, demorar para responder, ignorar as mensagens, desculpas esfarrapadas: estratégias clichês que imperam como normas de um jogo comandado por quem age com mais desdém.

O joguinho é a moeda usada em um mercado em constante mudança. As relações mudam, o celular muda. O que não tem mudado é a frequência com que as pessoas se veem. Elas continuam se encontrando fisicamente; todavia, a atenção é dividida com o celular, que pouco é usado para ligações. Essa raridade fomentou a ideia de que uma ligação é uma prova de amor. Num mundo de mensagens, áudios e incomunicabilidade, receber uma ligação pode ser considerado receber uma prova de amor, sim. E o celular tornou-se a prova de que estamos mancos afetivamente. Então, nos seguramos nele, porque ele é a muleta que nos equilibra e nos ilude, com qualquer migalha que o outro nos envie.

AMOR EM TEMPOS DE NUDES

Há uma nova demanda nas relações, os famigerados nudes. No meio de uma conversa, pode surgir o pedido para ver uma foto mais íntima. Enviar ou não é um critério pessoal; o id dirá "envia", o superego dirá "não". Portanto, nem sempre a foto é enviada. Mas, independentemente da decisão de cada um, parece que essa prática é um caminho sem volta, por ter se tornado um agente facilitador da aproximação, que pula etapas, simplifica os diálogos e apressa todo o processo de um mundo cada vez mais burocrático.

As fotos nuas também rivalizam com a hipocrisia — o que parece bastante útil, no atual cenário retrógrado, cujos sujeitos não compreendem que passou a época de uma tamanha repressão sexual capaz de paralisar os membros. Antes os corpos eram tão cobertos, que um simples tornozelo atiçava a imaginação e despertava desejos. Hoje, um tornozelo tem o efeito erótico de uma unha encravada. Estamos vivendo o oposto.

A nudez está nos celulares, nas redes sociais, na tevê, no cinema, no carnaval (que rendia apartamentos para quem fazia os ensaios das revistas). Hoje há um excesso de gente trocando nudes, e a rentabilidade migrou para a internet. As fotos nuas encontram cada dia mais adeptos: de desconhecidos a casais de longa data. Trocar fotos com regularidade virou um hábito para apimentar algumas relações. Nem toda nudez será castigada. O castigo existe quando a foto é publicada sem autorização. Não obstante, todos parecem correr atrás dessa verve, que inspira artistas e sempre esteve por aqui, desde os primeiros moradores que andavam seminus.

Por trás dessa aparente festa, há questões paradoxais: as fotos aproximam, mas também podem criar uma falsa intimidade. Ao mesmo tempo em que se exerce uma liberdade maior, efeitos negativos para a relação são criados e um deles é que a troca de fotos nuas, onde se vê tudo, dificultou a possibilidade de fantasiar. Conteve a imaginação;

abrandou o tesão. Sobretudo nos homens. Deu mais liberdade; entretanto, quando tiramos a roupa, o desejo foi embora também.

O EU TE AMO E O VIAGRA

Os anúncios nos postes e muros dizem: "Trago seu amor de volta em três dias". Junto a essa frase está implícita a promessa de felicidade numa relação. Posto que o amor continua sendo um sentimento cada vez mais rentável. Cada vez mais pessoas tentam faturar em cima dos sentimentos, sobretudo depois que eles foram associados ao consumo, no cinema, nos comerciais, nas redes sociais…

O amor tem sua credibilidade cada vez mais questionada. Diferente do viagra, que se tornou uma das drogas mais consumidas por minimizar as falhas na hora H. Laboratórios ganham milhões e provocam mudanças nas relações, interferindo até mesmo na última fronteira na qual a mentira não podia penetrar, o sexo. Com a chegada do "remédio", a parceira pode desconfiar se o tesão é genuíno ou efeito da pílula. A desconfiança, antes restrita ao "eu te amo", chega até a libido — que, agora, pode ser artificial.

Parte do sucesso do viagra deve-se ao fato de ter sido lançado em um momento que o homem estendeu a existência, encontrando sujeitos reféns de uma cultura performática, onde fracassar na primeira vez pode significar a última vez. Até os jovens aderiram a esse medicamento, que, aos poucos, foi despontando como o antídoto às falhas. Como uma mágica, ele garante a eficácia imediata; tornando-se o recurso preferencial em um mundo que tenta nos fazer acreditar que somos perfeitos, com seus filtros, plásticas, hormônios — e, também, com a droga azul, que faz os homens acreditarem que são infalíveis. Todavia, quanto mais os sujeitos se enganam, maior a frustração quando a imperfeição aparece.

Estamos numa sociedade de pessoas que recorre a pílulas o tempo todo. O viagra, apesar de contribuir com a ilusão de onipotência masculina, também trouxe novas possibilidades para os idosos, tornando-se uma espécie de *Cocoon* sexual (como no filme de 1985). Portanto, eu não consigo atirar pedra em algo que traz benefícios aos idosos, aos jovens, aos homens, as mulheres, aos gays. Então, ao invés de falar mal, eu só vou criticar o preço da pílula azul, porque, uma hora, vou precisar com frequência; mas, com o preço, fica difícil!

NA CAMA

Você pode pensar que as notícias mais acessadas são sobre o fim de alguma guerra, ou a descoberta da cura de alguma doença. Ledo engano. Essas notícias até têm relevância. Todavia, para boa parte da humanidade, o que mais importa é saber se o príncipe Harry e o príncipe William se odeiam; com quem Piqué traiu Shakira; porque Luísa Sonza e Whindersson Nunes se separaram. São essas as curiosidades que fervilham na rede e são buscadas como o Santo Graal das notícias.

É evidente que não estou me referindo a um grupo de pessoas que provavelmente acha que Piqué é uma marca de pneu e pouco se interessa pela vida íntima da família real. Ou é um ser mais seletivo ainda e nem imagina quem são essas pessoas, pois lê apenas coisas relacionadas à filantropia, ópera, religião, economia e mitologia africana. Para esses seres, um aviso: antes que comecem a sentir o ciático doer de raiva, ou tenham ânsia de vômito, pensem que este texto é sobre o interesse doentio que o ser humano tem sobre o que os outros fazem na cama.

Vamos combinar que esse assunto rende tanto porque o que fazemos na cama tem implicações fora dela. Mesmo entre quatro paredes, é como se a cama estivesse no meio da praça. Ninguém está livre de comentários sobre a sua vida sexual. Sobretudo se for uma figura pública. Se essa figura for o presidente dos EUA, a questão ganha uma proporção ainda maior. Bill Clinton e Monica Lewinsky foram transformados em figuras quase fixas, nos jornais, por meses, quando o escândalo sexual veio a público.

E, como a história de Bill Clinton, outros escândalos também arruinam carreiras ou jogam os envolvidos nos holofotes da fama, como as celebridades que surgiram das *sexy tapes*. Sexo é assunto popular e, como qualquer coisa que envolva nossa vida privada, pode render comentários no trabalho; piada na roda dos amigos; fofoca na família.

Agora, independentemente de se ter uma vida sexual ativa ou casta, ninguém está incólume da curiosidade a respeito do que cada um faz na cama.

Uma curiosidade que pouca gente assume, mas que Caetano já explanou: "Todo mundo quer saber com quem você se deita".²

---

2 Trecho de "A luz de Tieta", de Caetano Veloso, do álbum *Dois amigos, um século de música*, de 2015.

VIDE BULA

INDICAÇÕES

Uso tópico, adulto. Indicado para sujeitos masoquistas ou que desejam destruir a sua autoestima. Por ser impossível de ver os resultados no primeiro encontro, o relacionamento viciado só mostrará seus efeitos colaterais através de pistas ao longo do uso.

CONTRAINDICAÇÕES

Esse medicamento não deve ser usado por quem, de fato, deseje um relacionamento genuíno, de trocas profundas, por possuir sintomas adversos. Alternância entre grosserias e desculpas, que se revezam o tempo todo.

COMPOSIÇÃO

30 g de extrato de sentimentos unilaterais
20 g de fluoreto de indiferença

20 g de palmitato de frustrações
30 g de trocas construtivas

REAÇÕES ADVERSAS

A realidade pode permanecer oculta sobre uma penumbra, obrigando o sujeito a ficar na eterna ambivalência entre se desprender da última fatia de esperança de que tudo mudará ou encarar a verdade. Com o tempo, aos poucos, tudo se desvela, ocorrendo o afastamento dos cônjuges. Não é raro que a entrada de outra pessoa na relação torne-se uma reação adversa frequente.

POSOLOGIA

Via oral, o parceiro pode tomar gotas de mesquinhez, duas ou três vezes ao dia, e pequenas indelicadezas, via intravenosa. Em momentos díspares, recorre a medidas protocolares para compensar seus atos. Usando palavras afáveis e promessas de mudanças que nunca se cumprem. É esperado de quem esteja ingerindo um relacionamento viciado que o parceiro faça jogos de poder para controlar a relação. Não fale sobre os problemas, nem confie no cônjuge, nem tampouco tente mudá-lo para satisfazer as suas necessidades.

RESULTADOS

O mais seguro — e de eficácia comprovada — é suspender o uso em caso de alguma reação alérgica, como violência ou atividade das glândulas lacrimais com muita periodicidade.

Se os sintomas persistirem, suspenda o uso por tempo indeterminado.

EXPECTATIVAS

A expectativa age mais ou menos assim: primeiro, ela faz com que tu te sintas como Garfield perto de uma lasanha; um rato, perto do quejo; a Bonnie, perto do Clyde. Tudo parece perfeito. Tempos depois, não tem lasanha, não tem queijo, não tem Bonnie; não tem Clyde.

Tu sentes uma necessidade de ignorar a expectativa, porque ela sussura insanidades no teu desejo. Tê-la por perto é similar a usar tornozeleira eletrônica. Mesmo longe de casa, tu estás vigiado e todas as tuas decisões são influenciadas por ela, que envenena o futuro e confunde os sentimentos. Tornando-se sempre uma intuição mentirosa.

ME CHAME DE DORY

No início foram apenas fragmentos de memória que se perdiam, falhas esparsas que pareciam não se repetir. Contudo, elas foram se tornando mais frequentes. Conforme eu fui crescendo, as demandas começaram a vir carregadas de responsabilidade e prestação de contas para a mãe, para a escola. Os lapsos perderam o aspecto anedótico e tornaram-se preocupantes. Passei a me indagar sobre a probabilidade de ter uma incapacidade congênita para reter dados, que me colocava abaixo da maioria da humanidade.

Essa preocupação se multiplicou quando fui introduzido ao mundo do teatro, onde um esquecimento tinha implicações na vida de várias pessoas. Nessa época, eu tentei me vigiar, perceber onde as sinapses não repassavam as informações. Concluí que, ao diminuir os afazeres, os lapsos eram menores. Do contrário, eles se sobressaíam. E, quando eu esquecia algo pertinente ao trabalho, eu só desejava estar em um filme de ficção científica, onde, a qualquer momento, poderia abrir uma cratera e eu pudesse ser tragado.

Essas situações, por pior que fossem, não tinham grandes desdobramentos quando comparados a assuntos referentes aos relacionamentos, onde tudo é mais dramático. Certa vez, esqueci um aniversário de namoro. Esse lapso transformou-se em uma conversa mal resolvida que, no meio de alguma briga sempre voltava (como um Jason que nunca morria), servindo de prova do meu desdém com a relação. Eu até cogitei usar a justificativa de que, mesmo engajado, eu continuava sendo uma Dory — mas talvez isso piorasse tudo.

Essa minha constante preocupação com os esquecimentos foi amenizada, há algum tempo, quando li sobre um grupo de pessoas que sofrem de uma síndrome muito rara. Elas têm uma "memória autobiográfica altamente superior", e não esquecem nada durante a vida, lembrando-se de fatos ocorridos há vinte anos. Eles recordam de quanto pagaram no cinema há oito anos, do que comeram há trinta anos. Esses sujeitos armazenam os números de telefone que desejam, se dão bem em provas, e jamais esquecem aniversários de namoro (como o palhaço aqui).

Todavia, esse paraíso possui outro lado: eles não podem apagar as lembranças tristes. E essa é a parte que complica para eles.

Hoje estou longe de ser uma Dory; fiz as pazes com os meus esquecimentos (sobretudo depois de descobrir aquela síndrome rara). Se eu fosse acometido por esse transtorno, é provável que não estivesse nada bem. Não suportaria me lembrar de todos os fatos ruins pelos quais passei. Certamente eu estaria mergulhado em tarja preta, atormentado pelas lembranças.

Felicidade rima com esquecer. Não rima, não. No entanto, vamos fingir que sim, porque eu queria terminar esse texto com uma rima e não consegui.

INTENSOS VOLÚVEIS

Eu já assisti a muitas ondas surgirem e passarem tão rápidas quanto uma estrela cadente que cumpre o seu destino fatalista de nos encantar e sumir. Ondas passageiras estão em toda parte. O que estava no ostracismo ontem, passa a ser a "bola da vez" hoje. O mercado é volátil; o ser humano, inconstante. Nada se mantém no trono por muito tempo, por haver uma busca frenética pela novidade. Contudo, há um grupo de pessoas que muda de opinião numa escala nunca antes alcançada. Eu os chamo de intensos volúveis.

    Tive a infelicidade de conhecer alguns desses tipos, que trocam seus pontos de vista com a mesma facilidade dos segundos. Eles norteiam suas preferências pelo que está na crista da onda. Deixando seu gosto ser suplantado pela novidade, apenas pelo desejo de explanar que gostam do que todos estão falando — mesmo que seja incongruente com o seu próprio critério. Vestem-se de ideais, causas, personalidades, e discursam como se estivessem convictos daquela posição. Tratam o assunto como se fosse o âmago de sua existência. Entretanto, essa importância é para ludibriar a efemeridade de seu engajamento, que dura apenas enquanto lhe trouxer satisfações egoicas, ou polêmicas na roda dos amigos.

Para esses falsos intensos, tudo é escopo, desde que se transforme em pauta. Suas bajulações serão destinadas ao que estiver no centro das atenções; seja série, celebridade, político ou qualquer assunto do dia. Seu desejo é pegar um reflexo do que está em voga, tornando-se tão comentado quanto o objeto de atenção. Portanto, sua fidelidade é fugidia e dura somente até outro raio aparecer com mais potência.

E, assim, esses sujeitos passam pela vida numa incessante maratona em busca dos holofotes, ostentando empatia falsificada, fazendo das redes sociais o refúgio perfeito para reverberarem seus posicionamentos. Não raro a estratégia é falar mal do objeto que todos admiram, com o intuito de chamar mais atenção do que sua vítima. E, pela escassez de reflexões próprias, apegam-se a uma vaidade desmedida, que deságua em seus relacionamentos amorosos, agindo de forma leviana e imatura, norteados pela novidade. Mostram-se incapazes de lidar com as intempestividades e de aprofundar qualquer relação. Abandonam as questões sem tentar resolvê-las. Criam questões para abandonar. São intensos na fala, volúveis na ação.

A BIOGRAFIA DO RANÇO

Ele pode nascer do primeiro olhar; da primeira frase equivocada; do primeiro chiste. Seu surgimento tanto pode ser imediato, como pode ser gestado por um longo período. Todavia, quando a sua semente brota, cresce numa velocidade assustadora e se fortalece em cada reencontro.

É muito frequente que a pessoa faça algo para merecer o ranço; entretanto, o oposto também ocorre. Há os que nada fazem para merecê-lo; não se encontra uma explicação plausível. Nesses casos, recorre-se com frequência a frases conhecidas, para justificá-lo, como: "o meu santo não bateu com o dele" ou "não fui com a cara dela".

Também existem coisas que podem facilitar o seu aparecimento, até porque o ranço fala por nós e sua origem pode estar embasada nas nossas diferenças, nossas crenças, preconceitos... Uma pessoa racista vai criar mais facilmente ranço por uma pessoa preta. Um esquerdista, por um direitista. Um ateu, por um religioso. Agora, existe um ranço compartilhado por quase toda a humanidade: o ranço por um ex, ao menos por um instante, nem que depois se transforme em amizade. As exceções incluem os padres, as freiras e, é claro, quem nunca teve um ex.

Na ampla cartela de ranços, o que mais crio é o ranço pelo alecrim dourado, aquele tipo de sujeito que costuma passar dos limites com regularidade. Eles acreditam que podem fazer tudo, por sentirem-se especiais. Pelo seu viés, as regras não foram feitas para ele, mas para nós, simples mortais. O alecrim costuma fingir que não vê uma fila, anda pelo acostamento e recorre com facilidade ao "jeitinho brasileiro" para resolver seus problemas (isso inclui sonegar imposto e subornar o policial para liberá-lo de alguma infração, porque o alecrim dourado pode ser desonesto também). E, se as coisas não saem do jeito dele, eles dão *piti*, fazem ameaças ou tentam se vitimizar. Eu possuo duas certezas na existência: uma é que alecrim dourado é um mala e a outra, é que os boletos nos encontram.

APOLOGIA AOS CHATOS

Este texto é um pequeno manifesto em defesa dos chatos. E partirei da premissa que não se nasce chato, torna-se um. Não há profecia capaz de prever que aquele pobre embrião, que passou nove meses num invólucro solitário e que, depois, foi expulso à revelia se tornará um chato.

Nem mesmo o histrionismo, na infância; o isolamento e a conjunção de hormônios, na puberdade; ou a não aceitação de si mesmo servem de parâmetro para a imersão na dimensão dos chatos. As descobertas múltiplas dificultam que se categorize um sujeito como tal. Somente na idade adulta essa condição se solidifica, reverberando, sobre o sujeito, uma fama que precede a sua presença — o que os torna indefensáveis para a maioria das pessoas.

Eu os vejo como incompreendidos, por perceberem a chatice de forma projetiva, e nunca objetiva. Falta-lhes a bússola do bom-senso. Por isso, não percebem as regras implícitas a uma boa convivência; como se houvesse uma defasagem nas sutilezas, fazendo-os arrastarem um sudário social capaz de boicotar as próprias relações.

No entanto, é necessário ratificar que a minha defesa não abarca os chatos sádicos; categoria daqueles que possuem total clareza do efeito de suas ações e gozam ao ver, nos olhos dos outros, o incômodo. Esse tipo pode ser bem tóxico e eu o atiro na fogueiradas maledicências.

As outras espécies, no entanto, estão sob a minha salvaguarda, por saber que ninguém escolhe este caminho. Ninguém quer ser lembrado como o chato do grupo. Não há mérito na chatice. Não se coloca em currículo.

Chato não é objetivo, é carma. Queimação de filme. Cancelamento de convite. Fuga pelo elevador de serviço. Saída à francesa de festa. Não retorno da ligação.

Relevem os chatos; no fundo, eles não passam de uns carentes e solitários.

Espera. Esqueça tudo que eu falei até aqui. Chatos não merecem compaixão.

REINÍCIO

— — — — — — — — — — — —

(Após ler esta crônica, defina seu título.)

Já havia se passado um tempo que eu estava focado em outras coisas. Parei de pensar em quem não devia; parei de descontar na comida, voltei a me conectar com Deus; a socializar com os amigos; a correr. Certo dia sentado em um restaurante devorando um burrito, pensando no quanto a vida pode se resumir a trabalhar, comer, dormir e no intervalo buscar uma parcela de alegria que logo foge. Então, corremos atrás de outras alegrias e de outros burritos. Estar pensando em questões existenciais enquanto eu comia era o indício de que aquela comida não estava me caindo bem. Geralmente, em restaurantes, eu fico pensando em coisas mais leves, divertidas. No entanto nem pensamentos dessa categoria eu pude ter, porque tive a minha tranquilidade surrupiada pela discussão de um casal na mesa de atrás.

Naquele instante, eu pude comprovar que às vezes o problema são os outros, e ele estava na mesa de trás. O casal estava fazendo a minha alegria se esvair. Esses estelionatários da paz alheia precisavam ser identificados. Para tanto, virei rápido, fingindo estar chamando um garçom e torcendo para que ele não me visse. Tive, então, a curiosidade sanada e concluí que a vida pode se resumir a uma sequência de surpresas desagradáveis, entre um burrito e outro.

Decidi que não sucumbiria à discussão e provaria, a mim mesmo, que possuo autocontrole. Foi quando comecei a ouvir os pedidos para que o casal baixasse o volume. O que não foi atendido. Então, alguém pediu para o gerente tomar uma providência e, quando ele solicitou que se acalmassem ou se retirassem, o caos foi armado, sobrando palavrões para o gerente e para os que estavam em volta, chamados de mal-educados. Numa tentativa de provar que eu sou uma pessoa equilibrada e que não deixaria nada me abalar, segui comendo o meu burrito e tentando acreditar que eu estava prestes a encontrar o nirvana.

Sou uma pessoa controlada, sou uma pessoa controlada, sou uma pessoa controlada. Eu repetia, sabendo que eu estava mentindo, me enganando. Por dentro, eu queria esmurrar o casal baderneiro; por fora, eu transcendia em serenidade. No fundo, havia a esperança de ter uma epifania e compreender que a alegria não aceita obrigações. Ela funciona tanto no insólito, quanto num prosaico pedaço de burrito.E hoje ela poderia me brindar com um novo encontro; eu poderia conhecer alguém especial, em vez de jogar um prato na cabeça de alguém.

Por sorte, o casal foi retirado do recinto. Mesmo com tanto controle e uma paz fabricada, um palavrão pronto para sair na direção do casal ficou preso na boca. Foi quando percebi o garçom na minha frente, estático, com a cara de "me chamou e não vai pedir nada?". Então, eu improvisei no susto.

Eu:

— Oi... É... Gelo, por favor.

Garçom:

— Mas o senhor pediu o suco sem gelo e eu trouxe.

Eu:

— Então desculpe... Eu sou muito volúvel.

(Quando percebi a bobagem que eu havia respondido, quis me enterrar, desaparecer, ser abduzido, virar um burrito, uma foca, uma samambaia, um camaleão, um citoplasma... uma mitocôndria... um ser unicelular... Qualquer coisa que me proporcionasse sumir dali.)

PERDIDO NO TEMPO

No último feriado, ocorreu algo que me deixou mais confuso. Como o feriado caía na quarta, na quinta eu acordei achando que fosse segunda — e atrasei uns afazeres. Na sexta, que parecia uma terça, eu tinha as coisas de sexta para fazer e as que não consegui executar na quinta, por ter achado que era uma segunda. No entanto, era sexta outra vez e muita coisa teve que ficar para a próxima segunda. Isso aconteceu quando estávamos na pandemia e os dias me confundiam de vez em quando.

GATILHO

Durante a pandemia, eu acordava todo dia e lembrava que estava cheio de coisas para fazer. No entanto, eu começava a pensar em coisas para fazer antes de fazer as coisas que eu, realmente, deveria fazer. Era nessas horas que começavam os pensamentos aleatórios: eu tentava entender porque a rua Barão de Ipanema é em Copacabana (e não em Ipanema) e porque raios alguém faz sorvete de feijoada. Então, eu olhava para o relógio e percebia que era hora de voltar à realidade e tentar fugir dos gatilhos. Recorri a tantos que, em determinado momento, já nem sabia mais o que era gatilho e o que era a bengala que ele acionava.

O big bang criador de todos os gatilhos foi ter que ficar trancado em casa e, na sequência, a ilusão instalada de que a pandemia faria com que os seres humanos repensassem seu papel no mundo.

Quando a ficha caiu, todos perceberam que os filhos da mãe continuariam os mesmos. Então, tivemos que apelar para outras bengalas, seja para nos suportarmos ou para suportarmos os outros — e, para tanto, haja séries, filmes, entrevistas, vídeos divertidos, comida calórica, vícios... e, pasmem, até telefonemas as pessoas voltaram a fazer. (O mundo esteve realmente perto do fim).

E todo mundo se prendeu a algum gatilho, tão mecanicamente, que eles se tornaram hábito em algum momento. Não ter uma bengala em meio a tudo que ocorria parecia falta de empatia. Precisávamos deixar os sentimentos congelados e a única porta que abríamos era a da geladeira, para pegar mais bengalas. Até que chegamos ao ápice da confusão, quando ninguém sabia mais se buscar informação sobre a covid-19 era um gatilho, ou se usávamos gatilhos para conseguirmos nos informar.

O que é certo dessa epopeia foi que todo mundo redescobriu o significado de aglomeração. O Natal não teve noite feliz e nem tudo se realizou no ano que nasceu. Mas, apesar de tudo, chegou a vacina, e com ela a grife das vacinas: gente furando fila, vacina vencida, gente que recusou a vacina. Terceira dose, ômicron, varíola dos macacos, doença do beijo. Só o Brasil para me dar tanto gatilho!

Um dia, os abandonei. Dei um tiro final nesses desejos destrutivos. No entanto, quando tudo parecia um passado distópico, comecei a ter a sensação de que eu estava dentro de um daqueles filmes que começam pelo final. Parecia que estávamos rodando num labirinto sem saída... Estou me preparando para novos gatilhos e, talvez, uma breve fuga da realidade...

Mr.Demille, I'm ready for my close-up.[3]

---

[3] Em tradução livre: "Sr. Demille, estou pronta para o close". Frase do filme *Sunset Boulevard* (*Crepúsculo dos Deuses*), de 1950, dita pela personagem Norma Desmond (interpretada por Gloria Swanson), uma veterana atriz do cinema mudo que quer reconquistar o sucesso.

COELHO

Do alto, tudo parecia tão sereno, tudo parecia tão bem! A cidade, mantendo a sua normalidade; os automóveis, sendo conduzidos aos seus destinos. Todavia, só parecia tudo bem porque eu estava olhando pela janela do avião e vendo só o que eu desejava ver.

De longe, eu criei um novo sentido para o caos, sem perceber o quão angustiante ainda estava sendo assistir aquela espécie de revoada de urubus. Todos seguiam seus trajetos, negando a pequena faísca de realidade de onde estavam. Quando cheguei perto, a ameaça invisível ainda estava por toda parte: todos usavam máscaras e qualquer tosse gerava olhares; qualquer espirro um desassossego. A demanda de urgência para continuar resguardado em nossas casas se fazia necessária, e a não aderência de alguns amplificou o momento apocalíptico, deixando sequelas e fazendo o desespero não ter data para acabar.

De perto, parecia ter ocorrido uma involução, nos últimos tempos, como se o homem tido como a mais inteligente das espécies tivesse involuído. O que tornou o mundo mais difícil e fez com que eu me sentisse um coelho acuado, numa floresta repleta de predadores invisíveis. E ainda ter que constatar que, talvez, o novo normal fosse a naturalização de dez mil mortes por dia, conferindo-lhes um caráter de fenômeno natural, cuja interferência do homem era nula; criando um cenário de absurdo que se tornou banal. Similar ao que aconteceu com os tiros, a fome, o desamparo e tudo o mais que doía os olhos.

Agora, no entanto, isso estava sendo naturalizado na nossa frente. A morte estava virando mera estatística à qual assistíamos, impassíveis, pelos telejornais; com nossas portas trancadas, enquanto lavávamos as mãos no álcool em gel.

SEXOFOBIA

Fugindo de gafanhotos e laranjas como quem foge da verdade, mergulhado num texto que me levasse para onde eu desejava; para o outro lado da lua. Num salto. Numa faísca de nostalgia. Afogando a verdade em uma caipirinha, em duas... quem sabe, três? Para sair de onde eu estava. Entretanto, nem uma adega inteira me tirava da inércia pandêmica.

O mundo estava acabando, e eu poderia cingir-me na ideia de que a vida é um vaudeville ao som de "Hard to Explain".[4] Ou um teatro do absurdo, ambientado em Atibaia. Mas, talvez, ele fosse um conto de fadas gótico, dirigido por Tim Burton, no qual governantes são monstros que usam um vírus para

---

4 Canção do The Strokes, do álbum *Is This It*, de 2001.

destruir a humanidade e tentam fazer com que eu perca, de vez, a ilusão com o ser humano, que mergulhou no mundo líquido e dá sinais de que se afogará.

 E, na travessia de apego e abandono à negação, fiz, do chocolate, o meu Prozac, usando-o como se fora um antidepressivo. Também não me furtei ao desejo de trocá-lo pelo álcool, algumas vezes. Muitas outras vezes, só chegaram boletos na minha casa. Certo dia, no entanto, chegou um convite para sexo... Junto ao convite, chegou a sensatez. Que me sussurrou: conhecidos estão morrendo toda semana. A libido negocia prazos; todavia, a vida é um agiota. E a irresponsabilidade, uma promotora severa e traiçoeira. Refutei o encontro. Sobretudo, porque prefiro continuar mais um tempo nessa vida cheia de panelaço e fúria.

SUBMARINO

O condomínio venceu, não falei o que devia, falei demais, exagerei no café, não deu tempo de fazer nada hoje. Cadê meus óculos? Cadê meu sono?

Já passavam das duas da madrugada e a cabeça não desligava. Era mais uma noite de insônia me esperando. Eu não queria recorrer a remédio para dormir mais uma vez. Chega de depender de coisas, já bastava de Bono doce de leite, Sorine, Fanta laranja e pensamentos impublicáveis. Ao invés de escrevê-los, como sempre, hoje eu cogitei gravá-los. Quando comecei a falar, Lola latiu. Ouvi o barulho do elevador, deveria ser um vizinho chegando, baixei o tom da voz, a fim de evitar ser o vizinho inconveniente que faz barulho na madrugada. Estar acordado era tudo o que eu não desejava naquela hora.

Essa saga do esperar o sono e ele não aparecer teve início na pandemia quando eu tinha reuniões recorrentes da ONG, tinha que cuidar da casa e cada espirro me preocupava. Descobri que pessoas próximas estavam morrendo e tudo servia de gatilho, preocupação. Em pouco tempo, concluí que eu estava usando remédio duas vezes por semana e que, depois, passou para três; depois, quatro. Não demorou e eu estava usando todo dia. Dormir tornou-se uma quimera, só alcançada depois da pílula passar por baixo da língua. O remédio para dormir tornou-se o meu submarino por um bom tempo. Ainda bem que eu estava em terra plana, e não no fundo do mar, correndo o risco de implodir. Recorri à ajuda médica.

Foi quando descobri que existem outras formas de encontrar o sono, como começar o desmame, terapia, correr, melatonina, evitar café depois das quinze horas. Está sendo difícil me livrar. Volta e meia, quando surge algum problema, recorro ao comprimido, na madrugada; mas, com disciplina, tudo vai dar certo.

Enfim, cada um com seus medos. Cada um pega o submarino que tem coragem.

SHOULD I STAY OR SHOULD I GO?

Para qualquer ser humano, o poder de decisão é uma parte prazerosa. Para um indeciso convicto, como eu, a liberdade é o problema. Ela me paralisa nos atos mais prosaicos: uma simples ida ao cinema é dificultada pela variada cartela de opções e até comer torna-se um transtorno, já que as minhas papilas gustativas sempre oscilam entre o doce e o salgado, o gelado e o quente.

Para os indecisos, a vida torna-se mais fácil quando as opções se afunilam. O oposto traz medos, postergações, questões existenciais que nos colocam sempre diante de uma encruzilhada, na qual decidir torna-se um ato de abandono. Uma despedida sem data de reencontro, fazendo qualquer tarefa trivial ganhar aspecto de uma consternação. (Indecisos são, sobretudo, dramáticos.)

E as minhas dúvidas invadem até mesmo esferas nas quais não deveria haver qualquer hesitação, como as questões pertinentes à saúde. Eu fico na dúvida entre qual o pior: comer verduras com agrotóxicos, carnes com hormônios ou ultraprocessados que podem nos viciar? Portanto, um indeciso necessita engendrar uma espécie de algoritmo que facilite o descarte do supérfluo, para, assim, ponderar, separando os prós dos contras. E, somente depois desse laborioso trabalho, opinar sobre o que deve ser rejeitado.

É evidente que a demanda de urgência do mundo adulto agilizou as minhas decisões, impondo limites e estipulando prazos. Entre o sol escaldante que atravessava a cortina convidando-me para uma ida à praia no horário da faculdade, e o relógio que mostrava as três horas restantes para o fim da aula não havia indecisão: o dever se impunha, soberano. Essa constante oscilação só encontra ancoradouro no departamento amoroso, onde os algoritmos e regras matemáticas são inconsistentes. Esse departamento funciona por outras vias; que, no meu caso, sempre sabem o que querem.

OUTROS FINAIS

Algumas histórias poderiam ter outros desfechos, para parecerem mais leves ou atuais. *O Patinho Feio*, por exemplo, ao se sentir diferente, deveria recorrer a uma harmonização facial, tornando-se parecido com os irmãos patos, em vez de abandonar a família e fazer aquele dramalhão todo do enredo.

A Cigarra e a Formiga foi escrita numa época em que as cantoras não eram tão valorizadas; então, fazia sentido a cigarra ser o mau exemplo da história. Todavia, na contemporaneidade, as cantoras são consideradas pessoas trabalhadoras e podem ganhar milhões. Uma nova adaptação poderia colocar o bicho-preguiça no lugar da cigarra. Ou poderiam fazer um musical, onde a cigarra se chamaria Rita Lee, seria milionária e, no final, apareceria uma cigarra-macho chamada Roberto de Carvalho. Eles cantariam "Lança cigarras".

Todavia, a história que mais perdeu o diálogo com o momento atual é *A Lebre e a Tartaruga*. A contemporaneidade não prioriza as tartarugas; a rapidez da pós-modernidade as deixou em desvantagem na corrida da vida. Mesmo que a fábula queira valorizar a persistência, em detrimento da velocidade, o argumento é fraco porque hoje a velocidade é tão importante quanto a persistência. Sobretudo em algumas áreas, nas quais passou a ser sinônimo de competência. O mundo se apressou demais. A tartaruga vencer a corrida fazia sentido em um mundo contemplativo, no qual Newton tinha tempo até para ficar deitado, observando as maçãs caírem.

Outro final que faria muitas pessoas se contorcerem na cadeira, seria o de *Otelo*, de Shakespeare. Afinal, terminar uma peça com feminicídio por causa de uma traição que nem existiu é problemático nos dias de hoje. Otelo poderia, no final da peça, chamar o falso do Iago para uma balada. Ouviriam Marília Mendonça. Ele faria um vídeo, cantarolando "Ser corno ou não ser...". Na sequência, se mudaria para a casa da mãe. Pelo menos por uma semana, viveria uma adolescência tardia; bebendo a semana toda, chegando atrasado ao trabalho. Criaria um perfil em um aplicativo de paquera, daria *likes* em todas as colegas de trabalho, mandaria nudes sem que elas pedissem. E, para completar, na última cena, Otelo apareceria na casa da ex, faria uma serenata, ("Volta, vem viver outra vez ao meu lado..."[5]) e se confessaria arrependido. Choraria. No entanto, Desdêmona não o ouviria, porque estaria dormindo em paz. Após a separação, ela se viciou em rivotril.

---

5   Música "Volta", de Lupicínio Rodrigues, imortalizada na voz de Gal Costa.

O SOCO III

Para Lola

A maior parte dos dias não tem grandes acontecimentos.
A vida é um eterno cai, levanta, engole o choro. Uma sequência de: *Arrumou a tua cama? Cumprimenta a tua tia! Vai tomar banho!*

Na vida adulta, isso não acaba. As cobranças apenas se tornam internas.

Você acorda com um lindo dia, toma um café, alimenta o seu pet, abre o e-mail e tem uma bomba para resolver. Abre a fatura do cartão e tem um ataque de ansiedade. Se exercita, dá likes nos egos alheios, tenta resolver a bomba antes que exploda, se decepciona com um amigo, faz sua oração e segue firme.

Às vezes, a vida parece se repetir. No entanto, do nada, acontece alguma coisa que te chacoalha, como entrar na veterinária apenas para atualizar as vacinas da cachorra e ser surpreendido com a notícia de que ela está com câncer.

Se a vida fosse como nos musicais, na veterinária poderia ter um balé de rottweilers e todos começariam a dançar. Quando eu recebesse a notícia, pessoas sairiam de um alçapão e me carregariam nos braços. Buldogues apareceriam e latiriam, enquanto correriam ao meu redor. Araras se pendurariam nos lustres, gatos balançariam as orelhas ao ritmo de "The Lovecats".[6]

Todavia, a vida real enforca a fantasia. Receber o diagnóstico enquanto Lola me olhava, sem saber o que ocorria, trouxe à realidade a compreensão de que não havia o que fazer, exceto seguir as recomendações da veterinária e esperar.

Eu sabia que ao mesmo tempo em que deveria me manter calmo isso seria impossível. O câncer já estava avançado. Nos dias seguintes, a rinite atacou, o sono foi interrompido algumas vezes para ver se Lola havia se alimentado. Lembrei que já havia dez anos desde o dia em que a conheci e, agora, em apenas duas semanas de cuidados, veio o silêncio, a melancolia, o descanso, o luto — e, com ele, a certeza de que Deus sempre sabe o tempo das coisas.

---

6 Canção de The Cure, do álbum *Japanese Whispers*, de 1983.

Tudo foi muito rápido e, espero, com pouca dor para Lola. E depois de sua partida, poucas palavras eu consegui gerir. Então, este livro também teve que chegar ao fim.

FONTE Baskerville
PAPEL Pólen Natural 80g/m²
IMPRESSÃO Paym